žirafa

giraffe

klokan

känguru

buba

fehler

majmun

affe

hobotnica

tintenfisch

zec

hase

morski pas

hai

tigar

tiger

jak

yak

zebra

zebra

aligator

alligator

pas

hund

papiga

papagei

životinje

tiere

ovca

schaf

crv

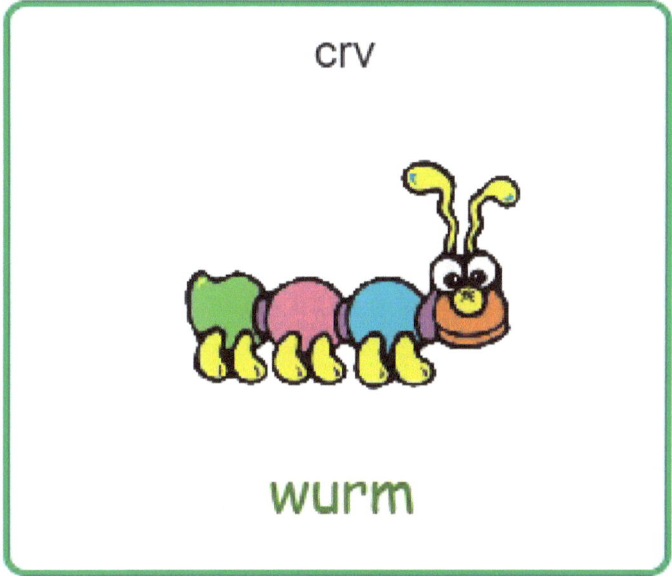

wurm

mrav

ameise

mačka

katze

jelen
hirsch

slon
elefant

riba
fisch

kokoš
henne

iguana
leguan

lav
löwe

madež

maulwurf

sova

eule

svinja

schwein

pijetao

hahn

puž

schnecke

purica

truthahn

kit

wal

pčela

biene

patka

ente

gorila

gorilla

snositi

bär

ptica

vogel

piletina

hähnchen

krava

kuh

rak

krabbe

konj

pferd

mače

kätzchen

vjeverice

eichhörnchen

leptir
schmetterling

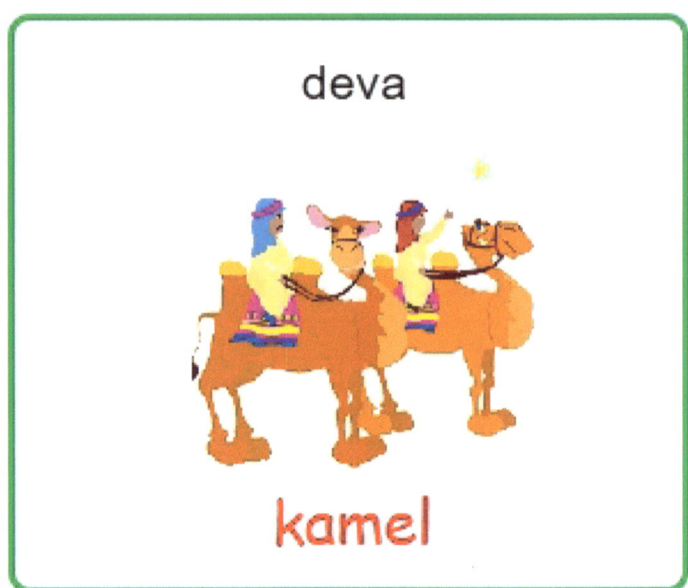

deva
kamel

dupin
delphin

orao
adler

pilići
küken

lisica
fuchs

žaba

frosch

jarac

ziege

nilski konj

nilpferd

panda

panda

štene

hündchen

miševi

mäuse

pingvin
pinguin

zmija
schlange

pauk
spinne

kornjača
schildkröte

vuk
wolf

muhe
fliegt

insekt

insekt

koala

koala

prepelica

wachtel

štakor

ratte

skunks

stinktiere

gepard

gepard

gušter

eidechse

kobila

stute

noj

strauß

kamenica

auster

pelikan

pelikan

golub

taube

sob

rentier

labud

schwan

žaba krastača

kröte

sup

geier

morž

walross

školjka

muschel

vepar

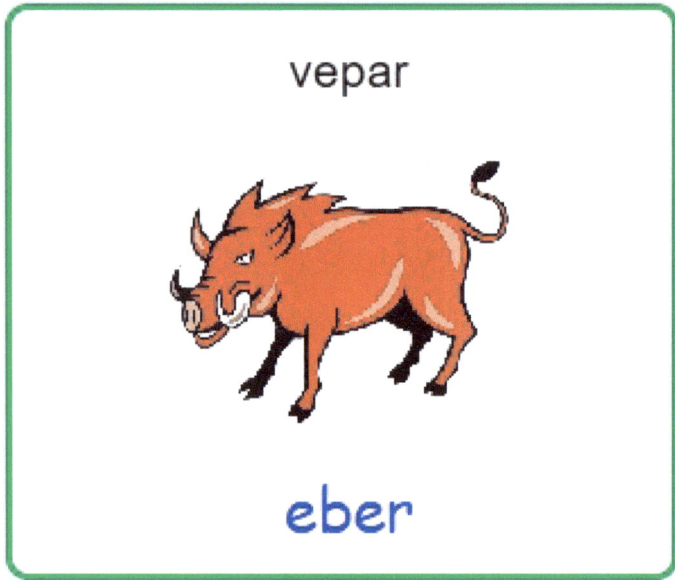

eber

koljeno

knie

ruka

hand

oko

auge

glava

kopf

noge

beine

dlaka

haar

uši

ohren

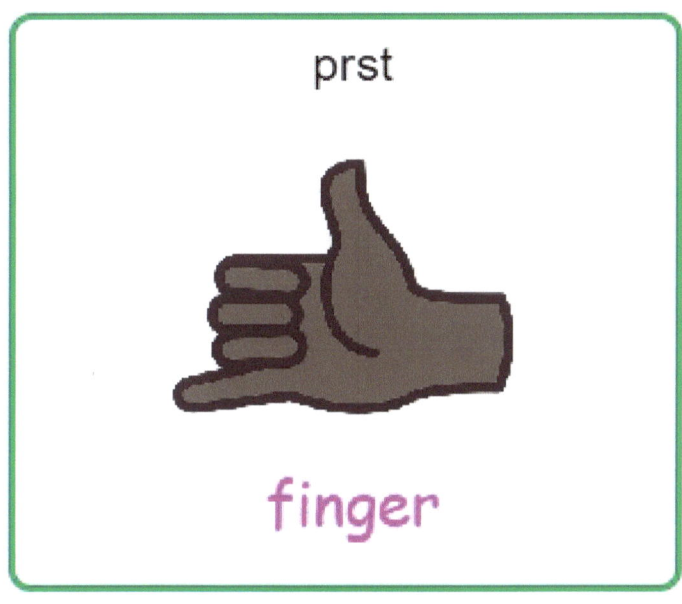

prst

finger

nos

nase

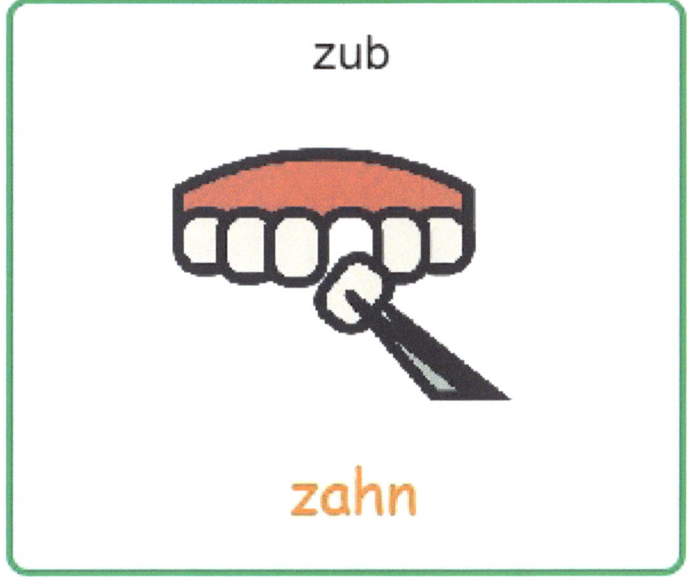

zub

zahn

rame

schulter

ruka

arm

brada

bart

brada

kinn

lakat

ellbogen

lica

gesichter

usta

mund

vrat

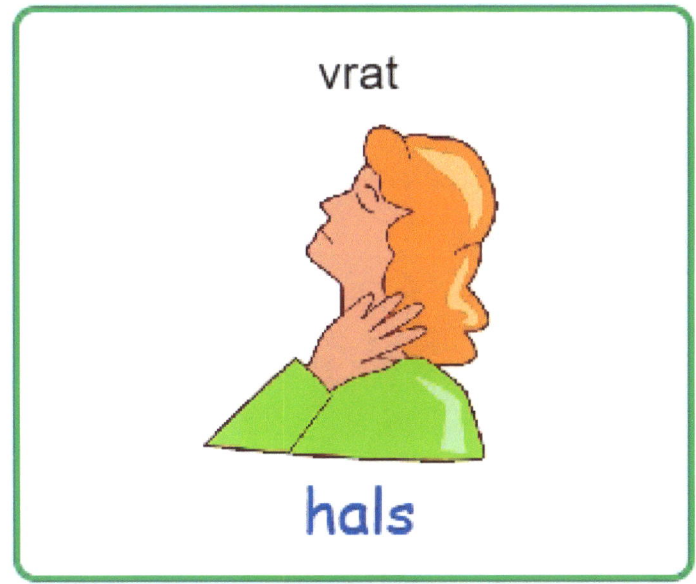

hals

palac

daumen

jezik

zunge

mišić

muskel

kuk

hüfte

tijelo

karosserie

sladoled

eis

pekmez

marmelade

lubenica

wassermelone

torta

kuchen

narančasta

orange

jogurt

yogurt
joghurt

limun

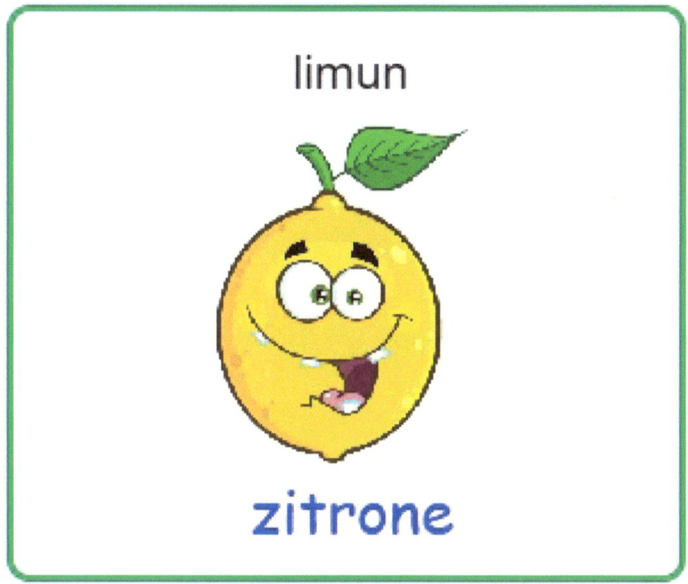

zitrone

mlijeko

milch

kruške

birnen

jabuka

apfel

kruh

brot

kokos

kokosnuss

brokula	grašak
	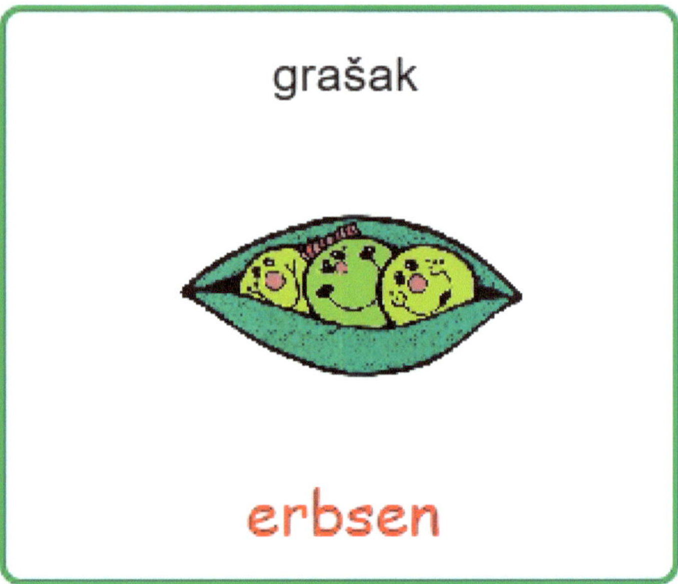
brokkoli	**erbsen**

salata	chili

salat	**chili**

trešnja	banana

kirsche	**banane**

jagoda

erdbeere

ananas

ananas

grah

bohne

bombon

süßigkeiten

šunka

schinken

sok

saft

kivi
kiwi

meso
fleisch

orašasto voće
nüsse

luk
zwiebel

kečap
ketchup

sir
käse

zrno grožđa

traube

mrkva

karotte

puding

pudding

rezanci

nudeln

kikiriki

erdnuss

krumpir

kartoffel

odrezak

steak

krafne

donuts

povrće

gemüse

kobasica

wurst

pite

kuchen

med

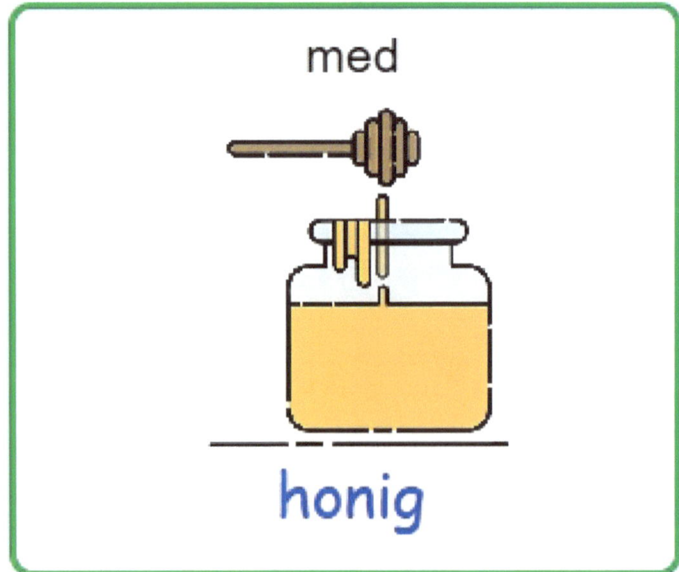

honig

juha

suppe

avokado

avocado

čokolada

schokolade

pizza

pizza

rajčica

tomate

patlidžana

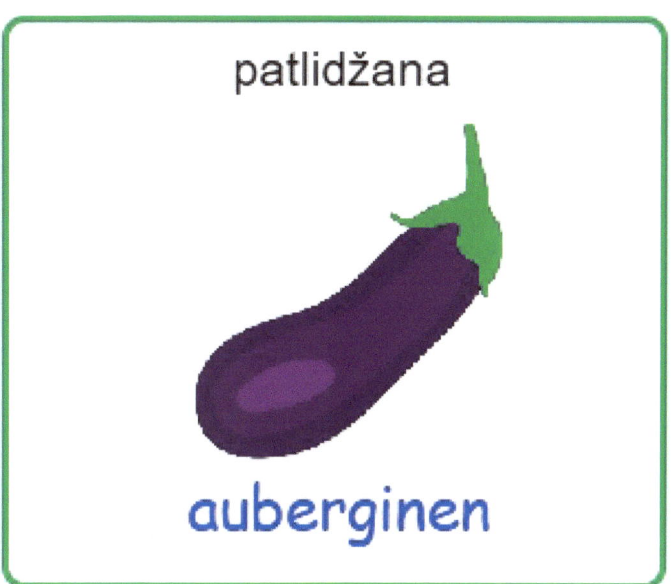

auberginen

krastavac
gurke

grejp
grapefruit

sendviči
sandwiches

breskva
pfirsich

jaja
eier

šljiva
pflaume

nar
granatapfel

kupina
himbeere

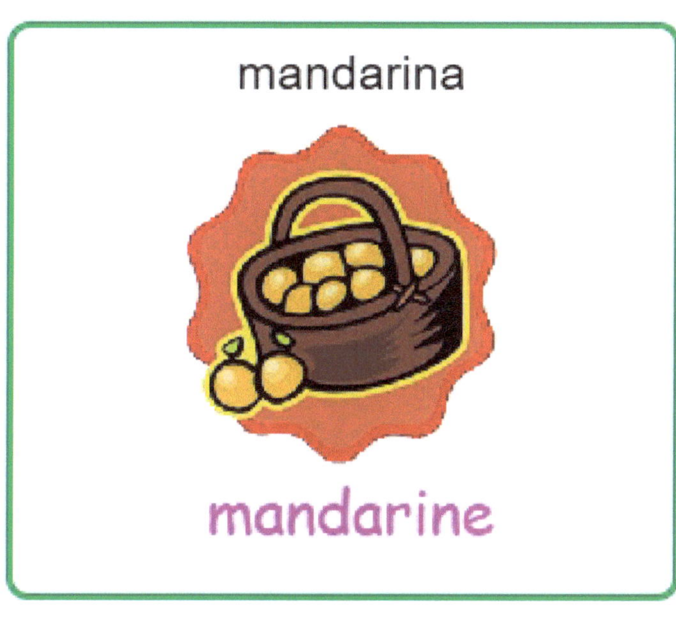

mandarina
mandarine

pšenica
weizen

kolačić
plätzchen

gljiva
pilz

repa
rübe

žir
eicheln

kukuruz
mais

dijete
baby

kralj
könig

djeca
kinder

kraljica

königin

dječak

junge

brat

bruder

djeca

kinder

seljak

farmer

otac

vater

djevojka
mädchen

čovjek
mann

majka
mutter

vještice
hexen

sestra
schwester

berberin
barbier

prijatelj

freund

liječnik

arzt

sestra

schwester

mađioničar

zauberer

fotograf

fotograf

pirat

pirat

kuhar

koch

anđeo

engel

vitez

ritter

sirena

nixe

princeza

prinzessin

učitelj

lehrer

tata

papa

umjetnik

künstler

glazbenik

musiker

mesar

metzger

čelnici

führer

menadžer

manager

polit((ar

politiker

mu

ihm

pekar

bäcker

opljačkati

rauben

stolar

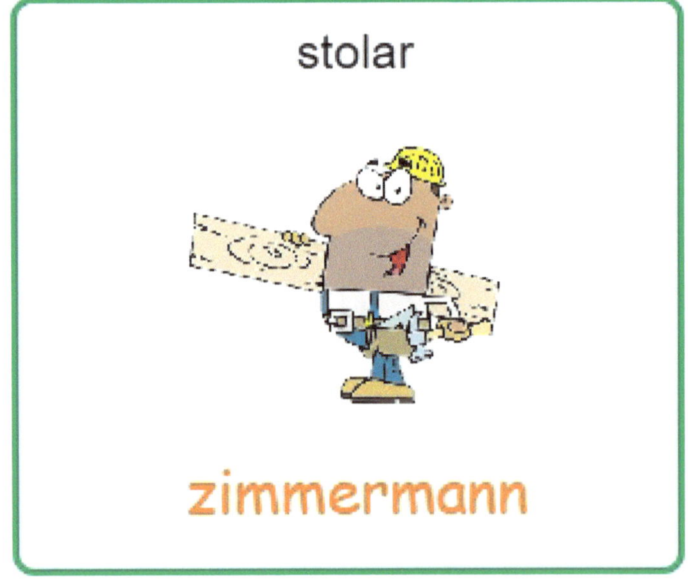

zimmermann

policajac

polizist

konobari

kellner

policajac

polizist

djeca

kleinkinder

mama

mama

sluškinja

maid

zrakoplov

flugzeug

automobil

auto

skutera

roller

bicikl

fahrrad

kombi

van

autobus

bus

bicikl

fahrrad

vlakovi	kamioni

züge	**lastwagen**

džipove	taksi

jeeps	**taxi**

vagon	raketa
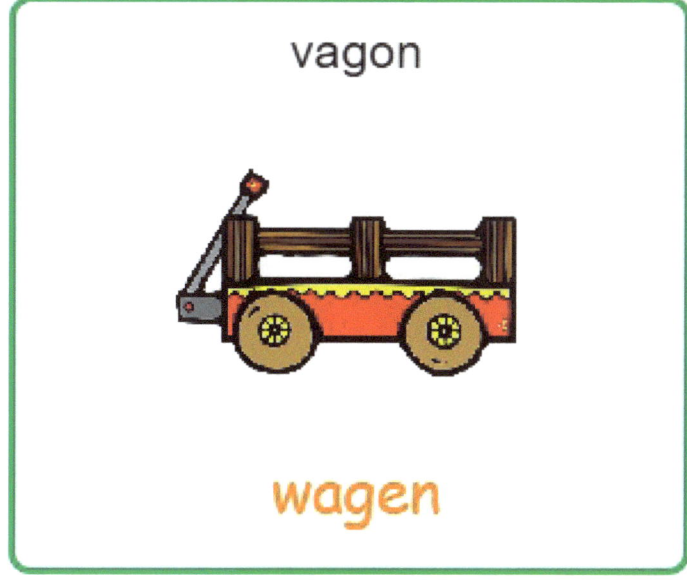	
wagen	**rakete**

mogila

karren

lopta

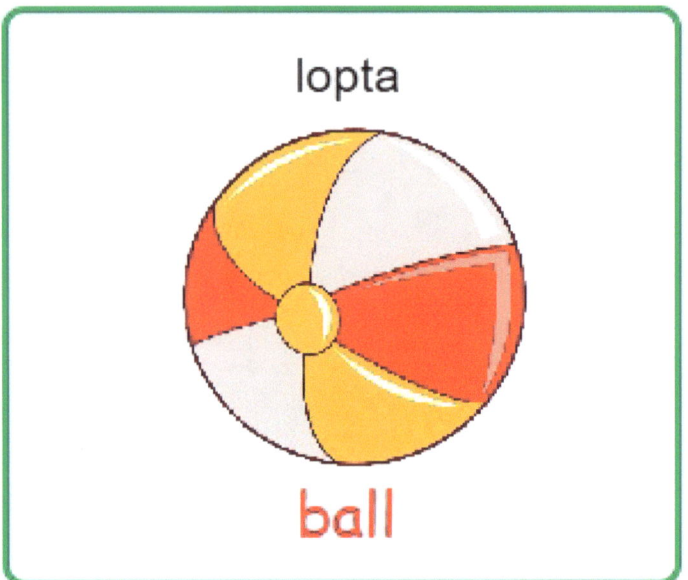

ball

zastava

flagge

tava

schwenken

vaza

vase

ručnik

handtuch

torba	vrč

tasche	**krug**

ruksak	gnijezdo

rucksack	**nest**

drvo	kišobran

baum	**regenschirm**

vulkan
vulkan

sidro
anker

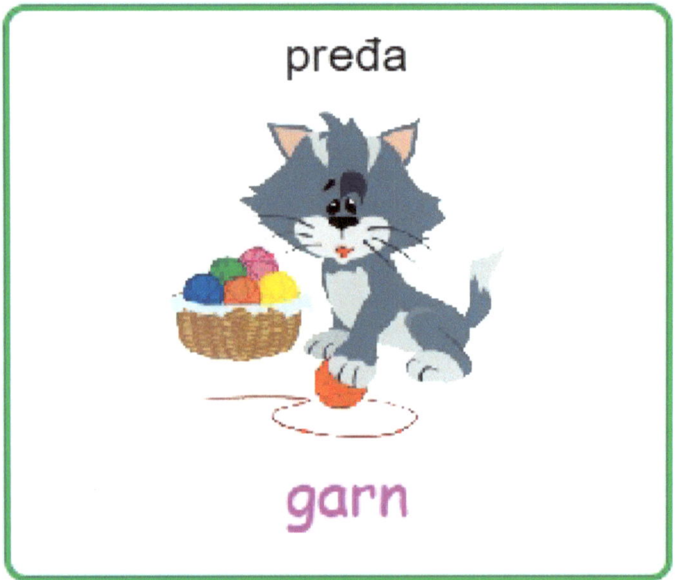

pređa
garn

zatvarač
reißverschluss

ovratnike
kragen

ogledalo
spiegel

www.ingramcontent.com/pod-product-compliance
Lightning Source LLC
Chambersburg PA
CBHW042006110726
48006CB00004B/992